AF199163

Sarajevo
lieben lernen

Der perfekte Reiseführer für einen unvergesslichen Aufenthalt in Sarajevo inkl. Insider-Tipps und Packliste

Katharina Hofinger

✈ INHALT

Das erwartet Sie in diesem Buch

Wollen Sie einmal ein Land und eine Stadt erkunden, außerhalb der großen Touristenmassen? Eine unterschätzte Stadt als Zeitzeuge voller Geschichte und unterschiedlicher Kulturen? Wenn Sie ein Gefühl von Fernost in Europa erleben möchten, ist Sarajevo genau das richtige Urlaubsziel für Sie.

Ich führe Sie von Klein Istanbul nach Österreich über zu den Pyramiden, und das alles in und um Sarajevo herum. Das glauben Sie nicht? Sie werden aus dem Staunen nicht herauskommen. Die Hauptstadt von Bosnien und Herzegowina liegt inmitten des Dinarischen Gebirges am Fluss Miljacka.

Sie können wandern, entspannen und einen Städteurlaub verbringen und das alles an einem Ort. Die Vielseitigkeit und Gastfreundschaft der Einheimischen wird Sie überraschen. Sie werden Land und Leute kennenlernen, einige Eigenarten besser verstehen und tolles Essen genießen. Ich kläre Sie im Voraus über mögliche Fettnäpfchen auf und gebe Ihnen einige nützliche Floskeln der Bosnischen bzw. Serbo-Kroatischen Sprache mit auf den Weg, aber machen Sie sich keine Sorgen, mit der deutschen Sprache kommen Sie in Bosnien und Herzegowina auch hervorragend durch den Urlaub. Das Land mit einer bewegten Geschichte hat weitaus mehr zu bieten als man auf den ersten Blick vermutet.

Sie werden einen tollen Urlaub für wenig Geld bekommen und treffen einen alten Bekannten wieder, die Mark.

Warum gerade nach Sarajevo?

EXKURS IN DIE VERGANGENHEIT, SARAJEVOS

Sarajevo wurde das erste Mal im Jahr 1238/1239 erwähnt, damals wurde die Region noch Vrhbosna genannt. Im Jahr 1463 begann jedoch erst mit der osmanischen Herrschaft der tatsächliche Aufbau der Stadt, durch einen Bosnier, der dem Islam angehörte. Dieser trug den Namen Isa-Beg Isaković.

Die Osmanen bauten die Baščaršija, auch heute noch das Herz der Stadt. Dieses Erbe der Osmanen prägt bis heute das Stadtbild. Wenn man durch die

Baščaršija läuft, könnte man meinen, man sei in Istanbul.

Im Jahr 1878 wurde Bosnien und Herzegowina dann von Österreich besetzt, sodass zu dieser Zeit die österreichisch-ungarischen Machthaber Sarajevo modernisierten. Dies geschah glücklicherweise für das Stadtbild, muss man sagen, ohne die osmanischen Bauten zu verdrängen. Sie können sich sicher vorstellen wie bunt und architektonisch vielfältig diese Stadt sein muss.

Weltweit bekannt wurde Sarajevo vor allem durch die drei folgenden Ereignisse:

1. Gavrilo Princip hat mit seinem Attentat am 28. Juni 1914 den österreichisch-ungarischen Thronfolger, Franz Ferdinand, ermordet – historisch gesehen war dies der Beginn des 1. Weltkrieges
2. Die Olympischen Winterspiele 1984
3. Die Belagerung in den Jahren 1992 bis 1995 durch die Truppen der serbischen Armee während des Bosnienkrieges

Das letzte Ereignis war das Einschneidendste, vielleicht auch, weil es noch so allgegenwärtig ist, denn damals wurden Freunde zu Feinden und Nachbarn zu Fremden. Nur langsam erholten sich die Menschen von den Folgen des Bürgerkriegs, viele sehnen sich dennoch noch immer nach der Zeit des ehemaligen Jugoslawiens und die Zerstörung ist auch heute noch in Teilen der Stadt allgegenwärtig. Dies lockt auch hier und da den einen oder anderen Kriegstouristen in die Stadt.

Die Planung Ihrer Reise

IST SARAJEVO WIRKLICH NOCH IN EUROPA?

Idyllisch gelegen, inmitten von Bergen des Dinarischen Gebirges (welches übrigens der Namensgeber der ehemaligen Währung war, der Dinar) liegt Sarajevo, Hauptstadt von Bosnien und Herzegowina und die einzige „Metropole" dieses Landes, mit 3.531.159 Einwohnern jedoch noch recht überschaubar.

Der Fluss Miljacka fließt durch die Stadt, der Fluss Bosna entspringt westlich der Stadt, genauer gesagt in der Gemeinde Ilidža. Die Berge um die

Stadt herum sind grün und von Wäldern bedeckt. Zur besseren Orientierung bei der Suche auf der Karte: Das Nachbarland Kroatien kennen sehr viele, Bosnien wird von Kroatien „umarmt".

ANREISEMÖGLICHKEITEN UND ÖFFENTLICHE VERKEHRSMITTEL

Sie haben verschiedene Anreisemöglichkeiten: Pkw, Bahn, Bus/Zug/ Flugzeug.

Mit dem Pkw

Bei einer Anreise mit dem Pkw besteht ein klarer Vorteil, nämlich der, dass Sie sehr flexibel vor Ort sind, aber eine kleine Warnung gleich vorweg: In Bosnien und Herzegowina gibt es kein Autobahnnetz, wie man es aus Deutschland kennt. Das Autobahnnetz ist nur dürftig ausgebaut und es ist mit langen Anfahrtszeiten zu rechnen. Weiterhin sind die Straßen außerhalb der Städte nicht immer sicher und es ist nicht ratsam, die befestigten Straßen zu verlassen, da einige Gebiete noch immer vom Bürgerkrieg vermint sind. Sollten Sie sich dennoch entschieden, mit Ihrem eigenen Pkw anzureisen, denken Sie bitte unbedingt an die grüne

Versichertenkarte und achten Sie darauf, dass auf dieser BiH oder auch BuH nicht durchgestrichen ist. Weiterhin sind natürlich gültige Ausweisdokumente notwendig, denn Bosnien und Herzegowina liegt zwar in Europa, ist aber kein EU-Land. Grundsätzlich können Sie mit einem gültigen Personalausweis oder auch mit einem Reisepass problemlos einreisen. Es schadet jedoch nicht, sich vorab weitere Informationen auf der Homepage des Auswärtigen Amtes einzuholen:

TIPP: www.auswaertiges-amt.de
Sie müssen folgende Auswahl treffen, um zu den richtigen Informationen zu gelangen: Außen- und Europapolitik/Länder

Achtung, in Bosnien gilt ganzjährig auch tagsüber eine Lichtpflicht, außerdem hat Sarajevo einige Ampelblitzer, auf diese sollten Sie besonders im Straßenverkehr achten. Bitte nutzen Sie außerdem keine Feld- oder Waldwege, die offensichtlich nicht regelmäßig genutzt werden, und beachten Sie unbedingt die Beschilderung (Minengefahr). Weiterhin möchte ich Ihnen einen wichtigen Ratschlag bei Ihrer

Anreise mit dem Pkw mit auf den Weg geben: Bitte halten Sie sich vor Augen, dass der Bürgerkrieg wirklich noch nicht so lange her ist. Bei Ihrer Anreise mit dem Pkw werden Sie einige Gebiete durchqueren, die vielleicht noch immer zerstört sind. Lassen Sie sich davon nicht abschrecken, das Land befindet sich noch immer im Wiederaufbau. Die unglaublich tolle Natur sowie die Bauten des Landes und besonders Sarajevos werden die teilweise noch sichtbare Zerstörung durch den Krieg aber ganz sicher überbieten.

Weitere nützliche Informationen zum Straßenverkehr erhalten Sie unter:
TIPP: www.bussgeldkatalog.org/bosnien/

Verwenden Sie für die Streckenplanung den ADAC-Routenplaner, damit können Sie die Kosten (Benzinkosten, Mautkosten, Vignetten für Österreich und Slowenien etc.) und die Anfahrtszeit gleich im Voraus recht gut kalkulieren. Pauschal kann man hier leider zu den Kosten schlecht eine Aussage treffen, da diese natürlich von dem Abfahrtsort sowie vom Verbrauch Ihres Fahrzeuges abhängen.

Beachten Sie auch die Jahreszeit, zu der Sie

anreisen. Im Winter kann es sinnvoll sein, Schnee-ketten dabei zu haben.

Mit der Bahn

Eine Anreise mit der Bahn kann ich Ihnen grundsätzlich nicht empfehlen, da das Bahnnetz von Kroatien (Zagreb) nach Sarajevo seit 2016 leider eingestellt wurde. Sie könnten nunmehr mit der Bahn nach Kroatien reisen (Zagreb) und von dort aus mit einem Bus weiter nach Sarajevo fahren. Da dies jedoch einen erhöhten Planungsaufwand und eine recht lange Reisezeit in Anspruch nimmt, würde ich von diesem Verkehrsmittel Abstand nehmen. Der Preis für die Anreise nach Kroatien (Zagreb) richtet sich hier natürlich nach dem Abfahrtort, für die Busreise von Kroatien (Zagreb) nach Bosnien und Herzegowina (Sarajevo) müssen Sie mit etwa 25,00 € je Richtung rechnen. Dies hängt aber natürlich vom Anbieter ab, es lohnt sich, vor Ort zu vergleichen.

Mit dem Bus

Einige große Busunternehmen, wie zum Bespiel Touring, FlixBus etc., bieten ab den meisten größeren Städten in Deutschland häufig direkte Busverbindungen nach Sarajevo. Die Karten sind verhältnismäßig erschwinglich (es kommt auch hier natürlich auf den Abfahrtort an, die Kosten belaufen sich auf ca. 50,00 € - 150,00 € je Richtung). Klarer Vorteil bei der Busreise ist, dass man auf den Fahrten oft interessante Menschen kennenlernt, denn man verbringt wirklich sehr viel Zeit zusammen und manchmal entstehen hier auch Freundschaften. Die Anbieter haben neben dem Preis in der Regel auch eine kalkulierte Fahrtdauer veröffentlicht, sodass Sie im Voraus wissen, welche Reisedauer auf Sie zukommt. Generell dauert die Fahrt mit dem Bus natürlich länger als mit dem Pkw, da dieser häufiger anhält, um weitere Passagiere mitzunehmen.

Hier ist vermutlich der preisgünstigste Anbieter FlixBus, es gibt aber auch noch diverse andere Anbieter. Es lohnt sich also auch hier, zu vergleichen.

Mit dem Flugzeug

Das Flugzeug ist mein persönlicher Favorit. Ja, mit dem Flugzeug anzureisen, ist manchmal die teuerste Variante, es sei denn, Sie buchen Ihren Flug rechtzeitig und vergleichen sehr gut. Sie müssen mit insgesamt ca. 180,00 € – 350,00 € für den Hin- und Rückflug rechnen, evtl. noch Benzinkosten und Parkgebühren am Flughafen, aber Sie kommen recht schnell an das Ziel und Sie sind keine 18 – 30 Std. unterwegs. Der Tag, an dem Sie anreisen, ist nicht vergeudet und Sie sind verhältnismäßig fit bei Ihrer Ankunft und können den Tag oder Abend gleich zum Erkunden nutzen. Auch hier lohnt es sich natürlich wie überall, zu vergleichen. Ein Tipp: Es lohnt sich, einen größeren Abflughafen zu wählen, denn so haben Sie bessere Chancen, einen Nonstop-Flug zu bekommen und die Preise ab größeren Flughäfen sind meist auch niedriger. Ein Flug mit Eurowings von Köln-Bonn nach Sarajevo und zurück, bei einer Woche Reisedauer, im Flugtarif Basic ist im Frühling schon für 180,00 € möglich.

Entscheiden Sie sich für die Anreise mit der Bahn, dem Bus oder dem Flugzeug, stellt sich natürlich die Frage, wie Sie ansonsten in der Stadt vorankommen können. Innerhalb der Stadt lässt sich alles gut zu Fuß erledigen, ich würde Ihnen jedoch die Anmietung eines Mietwagens empfehlen.

Einen Mietwagen können Sie am besten am Flughafen anmieten, einen Kleinwagen bekommen Sie für etwa 150,00 € - 200,00 € die Woche. Sparen Sie nicht an der Vollkaskoversicherung, damit Sie sich im Nachhinein nicht ärgern müssen, denn in

Sarajevo kann der Straßenverkehr sehr hektisch werden.

WELCHES KLIMA ERWARTET SIE UND WELCHES IST DIE BESTE REISEZEIT?

Da Bosnien und Herzegowina unweit des Mittelmeeres liegt, herrscht hier neben dem maritimen auch kontinentales Klima. Es hängt sehr von dem Ort ab, an dem Sie sich befinden. Die Sommer in der Stadt sind in der Regel sehr warm und die Winter sehr kalt. Zu welcher Jahreszeit Sie die Stadt am liebsten besuchen möchten, hängt natürlich von Ihnen und Ihren Bedürfnissen selbst ab. Überlegen Sie im Voraus, welche Aktivitäten Sie unbedingt erleben möchten. Ich selbst bevorzuge eine Anreise im Frühling, nahezu alle Aktivitäten sind im Frühling möglich und man muss nicht mit Einschränkungen rechnen.

Im Frühling herrschen in Bosnien und Herzegowina milde Temperaturen, es ist schon angenehm warm, die Sonne scheint viel und oft und es ist perfektes Wetter zum Wandern oder für einen

Stadtbummel. Die Stadt blüht auf und die Menschen genießen ihre Freizeit wieder im Freien. Ein Besuch im Freibad ist ebenfalls schon möglich und Sie können die Stadt in legerer Kleidung erkunden. Es wird im Frühling nicht zu voll auf den Straßen sein, Sie haben, wenn Sie sich für eine Reise und Erkundung mit dem Pkw entscheiden, gute Chancen, immer einen Parkplatz in der Stadt zu bekommen.

Im Sommer ist die Stadt wunderschön, aber auch voll. Viele Touristen strömen in die Stadt und es kann sehr heiß werden. Dies kann Sie unter Umständen in der Planung Ihrer Aktivitäten stark einschränken. Wanderungen sind im Sommer nicht besonders zu empfehlen, da hier teilweise Temperaturen von 40 Grad erreicht werden.

Der Herbst ist schwierig einzuschätzen, es kann schon sehr kalt sein, es kann aber auch noch warm sein. Es kommt immer darauf an, welche Aktivitäten Sie sich vorgenommen haben und wie viel Gepäck Sie mitnehmen möchten oder können. Der Herbst bedarf auf jeden Fall einer besseren Planung, was die Auswahl des Gepäckes angeht. Im Herbst wirkt die Stadt, wie viele andere Städte auch zu dieser Jahreszeit, etwas fahl, die Landschaft ist wunderschön und bunt.

Reisen Sie im Winter an, stehen die Chancen gut, Schnee zu bekommen und wenn es schneit, dann häufig richtig und viel. Die Stadt ist wunderschön im Winter, der Schnee in Kombination mit der Beleuchtung sieht einfach märchenhaft aus und wenn Sie dann die tolle Altstadt sehen, werden Sie denken, Sie seien in einer anderen Zeit. Allerdings ist eine Rundumreise durch Bosnien und Herzegowina im Winter nicht zu empfehlen, denn die Straßen sind zu dieser Zeit nicht besonders sicher, der Räumdienst fährt nicht überall und es werden in einigen Gegenden sogar Schneeketten benötigt. Die Schneefälle können wirklich sehr stark sein. Haben Sie also vor, auch das Land und nicht nur die Stadt zu erkunden, wählen Sie lieber eine andere Anreisezeit.

WIE VIEL GELD SOLLTEN SIE FÜR DEN URLAUB EINPLANEN? SIND IRGENDWELCHE IMPFUNGEN NOTWENDIG?

Was Sie für den Urlaub mitnehmen sollten, hängt natürlich auch von der gewählten Jahreszeit ab, zu der Sie anreisen möchten. Generell empfiehlt sich für eine Anreise im Frühling leichte Bekleidung sowie etwas Warmes für den Abend. Badekleidung können Sie ruhig auch schon mit einpacken. Im Sommer reicht ausschließlich leichte Kleidung, sollten Sie einen Ausflug in die Berge oder Wälder planen, packen Sie sich lange Kleidung mit ein, eine leichte Regenjacke schadet in jedem Fall auch nicht. Im Herbst müssen Sie mit warmen, aber auch schon mit kalten Temperaturen rechnen, packen Sie also Ihren Koffer entsprechend. Denken Sie daran, auch Mütze, Schal und Handschuhe einzupacken, es können Temperaturen von -20 Grad erreicht werden.

Einen Adapter für die Steckdose benötigen Sie im Vergleich zu vielen anderen Ländern nicht, Ihre Elektrogeräte (Handyladegerät etc.) können Sie wie gewohnt nutzen. Denken Sie an Medikamente, vielleicht nehmen Sie sich auch etwas gegen Durchfall mit, die Essenumstellung und der Konsum des Leitungswassers können hin und wieder Schwierigkeiten bereiten, generell kann das Leitungswasser aber getrunken werden.

Wichtig sind natürlich Ihre Reisedokumente und ggf. eine Auslandskrankenversicherung. Diese kann man beispielsweise zusätzlich über die Krankenversicherung abschließen, die Kosten hängen von dem Versicherer ab, liegen aber bei ca. 5,00 € - 20,00 €. Lassen Sie sich hierzu von Ihrer Krankenversicherung beraten, der Abschluss ist oft auch telefonisch möglich.

Das Robert-Koch-Institut empfiehlt, folgende Standardimpfungen für Kinder und Erwachsene vor der Reise aufzufrischen: Tetanus, Diphtherie, Pertussis, Mumps, Masern, Röteln, Pneumokokken und ggf. Influenza.

Zecken sind leider auch in Bosnien und Herzegowina von Frühling bis Herbst sehr aktiv, insbesondere im Norden des Landes. Schützen Sie sich gegen Borreliose durch lange Kleidung und Insektenschutzmittel. Eine Schutzimpfung gegen FSME ist ggf. sinnvoll, sofern Sie vorhaben, gefährdete Gebiete und die dortige Natur zu erkunden. Hepatitis A und B kommen ebenfalls vor, eine Hepatitis A-Schutzimpfung macht generell Sinn, eine Hepatitis B-Impfung sollte lediglich bei längeren Aufenthalten und bei viel Kontakt mit der Bevölkerung erwogen werden. HIV/Aids ist ebenso wie in anderen Ländern eine Gefahr für jene, die sich nicht schützen.

Meiden Sie Infektionsrisiken oder schützen Sie sich entsprechend, um das Risiko einer Ansteckung so gering wie möglich zu halten. Tollwut kommt zwar selten, aber ebenfalls vor, die Überträger dieser können unter anderem Wildtiere, aber auch Hunde und Katzen sein. Seien Sie also vorsichtig in der Stadt, denn in dieser werden Ihnen hin und wieder freilaufende Hunde und Katzen begegnen. Sollten Sie einen längeren Aufenthalt in Bosnien planen oder als Rucksacktourist reisen, sollten Sie über eine Tollwutimpfung nachdenken. In diesem Fall empfiehlt sich vielleicht auch eine Impfung gegen Tuberkulose.

Überlegen Sie sich, wie viel Geld Sie mitnehmen möchten bzw. welche Unternehmungen Sie vor Ort machen möchten. Sie haben vor Ort natürlich auch die Möglichkeit, am Bankautomaten Geld abzuheben. Generell kann man sagen, dass das Land sehr preiswert ist, ein schnelles Essen bekommen Sie für ca. 2-5 € inkl. Getränk. Wenn Sie für eine Woche 300,00 € - 500,00 € Taschengeld einplanen, dann können Sie davon ausgehen, dass es Ihnen an nichts mangeln wird. Wussten Sie, dass ein durchschnittliches Monatsgehalt in Bosnien und Herzegowina bei etwa 450,00 € liegt? Sie können sich nun sicher besser vorstellen, was Sie sich für das kalkulierte Taschengeld alles leisten können.

Herzlich Willkommen in Sarajevo!

BEVOR ES RICHTIG LOS GEHT, ERST EINMAL GELD WECHSELN

Da das schöne Bosnien, wir kürzen das Ganze hier jetzt einmal ab, die Eiheimischen sagen auch Bosnien = Bosna, kein EU-Land ist, hat es natürlich eine eigene Währung. Vielleicht wird sich der ein oder andere nun auch etwas freuen, wir treffen nämlich einen alten Bekannten wieder, die Mark. Bosnien und Herzegowinas Währung heißt Konvertible Marke und der Wert entspricht der Deutschen Mark – 1 KM oder auch BAM abgekürzt entspricht 1 DM. Somit entspricht 1 KM/BAM in etwa 0,50 €. Da der Wechselkurs immer etwas schwankt, informieren Sie sich vorab, mit welchem Kurs Sie in etwa rechnen müssen.

Der derzeitige Wechselkurs liegt bei 1,00 € = 1,96 KM/BAM. Das Geld selbst sieht optisch eher etwas orientalisch angehaucht aus. Euros in Konvertible Marke (KM/BAM) können Sie in jeder Bank, am Flughafen in der Wechselstube oder auch in Wechselstuben in der Stadt tauschen. Einige Gastronomen, es sind aber wenige, nehmen auch Euro an und wechseln in KM zurück. Empfehlenswert ist immer der Wechsel in der Wechselstube oder bei der Bank. Bitte vermeiden Sie es, um jeden Preis Geld auf der Straße zu wechseln. Erstens ist dies nicht legal und zweitens sind natürlich, wie in jedem anderen Land auch, einige schwarze Schafe unterwegs, die Sie um Ihr Geld bringen könnten.

Optional können Sie natürlich auch an einem der vielen Bankomaten Geld abheben, wobei hier von Anbieter zu Anbieter unterschiedliche Gebühren für die Bargeldabhebung anfallen können. Da Sie aber auch beim Geldwechsel Wechselgebühren zahlen müssen, wird dies kaum ins Gewicht fallen.

ZEIT FÜR DEN CHECK-IN IM HOTEL ODER DOCH LIEBER APARTMENT?

Dies ist eine sehr gute Frage. Was für ein Typ sind Sie? Möchten Sie sich selbst versorgen und neue Lebensmittel ausprobieren oder möchten Sie sich um nichts kümmern müssen? Darf es mehr kosten oder möchten Sie schön wohnen, aber nicht so viel dafür bezahlen?

Beides hat natürlich Vorteile ebenso wie Nachteile.

Nehmen wir das Hotel...
Nachteile sind hier die mögliche Einseitigkeit bei den Mahlzeiten, meistens ist man zudem auch noch an feste Essenszeiten gebunden und man kann seinen Tag nicht so flexibel planen. Da man das Essen serviert bekommt, probiert man vielleicht nicht so viel Neues. Hier sollte noch bedacht werden, dass man aufgrund des begrenzten Raums im Hotelzimmer nur bedingt Gäste empfangen kann. Bei einer Hotelbuchung ist in der Regel mit höheren Kosten zu

rechnen.

Vorteile sind ganz klar die Zeitersparnis. Man muss weder kochen noch einkaufen gehen, man muss keine Einkäufe schleppen, an nichts denken und die Kosten sind natürlich im Voraus schon kalkuliert.

Dahingegen sieht es in der Ferienwohnung/im Apartment etwas anders aus...

Nachteile können hier sein, dass man mehr Zeit für das Essen einplanen muss, falls man selbst kocht. Man muss ggf. einkaufen gehen und Tüten transportieren, die Kosten können variabel sein.

Die Vorteile in einer Ferienwohnung/einem Apartment sind definitiv der Platz, auch für Gäste. Man kann auch einmal andere Speisen probieren und wenn man keine Lust hat, zu kochen, bieten sich in der Stadt hervorragende Möglichkeiten, auswärts zu essen. Die Vielseitigkeit und die Auswahl der Gerichte sind ebenfalls eine ganz andere als die im Hotel. Sie haben Ihren eigenen Kühlschrank und Ihre Küche, was den Naschkatzen oder Mitternachtsessern unter Ihnen sicher gefallen wird. Weiterhin sparen Sie mit einer Ferienwohnung Geld, da diese im Schnitt nämlich deutlich günstiger sind als die

Hotels.

TIPP: Besuchen Sie die Seite www.booking.com

Hier können Sie häufig auch ohne Vorabbelastung der Kreditkarte Ihre Unterkunft reservieren. Ich habe Ihnen einmal jeweils 4 meiner Favoriten zusammengestellt und stelle Ihnen diese vor, um Ihnen Ihre Auswahl vielleicht etwas einfacher zu machen.

Hotel 1 - Hotel Old Sarajevo

Dies ist ein modernes, hell gestaltetes, freundliches Hotel mitten in der Altstadt. Zentraler geht es kaum, denn Sie können die Stadt sehr gut zu Fuß von hier aus erkunden. Für 7 Übernachtungen für 2 Personen müssen Sie mit Kosten in Höhe von ca. 560,00 € rechnen, die Verpflegung obliegt Ihnen selbst.

Hotel 2 - Hotel Opal Home

Dies ist ebenfalls ein sehr modernes und zentral gelegenes Hotel. Auch hier können Sie alle Freizeitaktivitäten in der Stadt zu Fuß erledigen und sind nicht auf Verkehrsmittel angewiesen. Für 7 Übernachtungen bei 2 Reisenden sind in diesem Hotel etwa 638,00 € einzukalkulieren. Auch hier müssen Sie sich selbst um die Verpflegung kümmern.

Hotel 3 - Hotel Sana - Achtung, dies ist das Schnäppchen unter den Hotels, denn der Preis beinhaltet das Frühstück

Das Hotel ist sehr zentral gelegen, gerade einmal 100m vom Stadtkern entfernt. Sie erreichen also auch hier alle Einrichtungen hervorragend ohne Verkehrsmittel. Inkl. Frühstück zahlen Sie hier für 7 Nächte und 2 Personen etwa 588,00 €.

Hotel 4 - Isa Begov Hamam Hotel

Dies ist ein besonderes Hotel, wer es orientalisch mag, ist hier genau richtig, es deckt sich hervorragend mit der Optik in der Altstadt. Das Hotel ist etwa 300m vom Zentrum entfernt und etwas teurer als die anderen, dafür haben Sie aber das Gefühl, Sie befänden sich im Orient.

Die Kosten für 7 Nächte und 2 Personen inkl. Frühstück belaufen sich hier auf etwa 700,00 €.

Ferienwohnung/Apartment 1 - Deluxe Bellevue Apartments

Hier finden Sie helle, freundliche Zimmer, die sich 100m vom Zentrum entfernt befinden. Je nach Auswahl eignen sich die Räume für 2-5 Personen. Sie verfügen hier aber über keine eigene Küche, weshalb es sich nur für Urlauber eignet, die ausschließlich auswärts essen möchten. Das Apartment kostet Sie bei 7 Übernachtungen für 2 Personen in etwa 333,00 €.

Ferienwohnung/Apartment 2 - Apartment Residence - Achtung, dies ist das Schnäppchen unter den Apartments, Top Preis-Leistung

Dies ist ein sehr modernes Apartment zu einem erschwinglichen Preis. Versorgen können Sie sich hier in Ihrer eigenen Küche. Sieben Übernachtungen für zwei Personen kosten in etwa 245,00 €, geeignet ist das Apartment aber eigentlich für bis zu 5-6 Personen, sodass Sie hier, wenn Sie mit einer Gruppe reisen, wirklich richtig viel Geld sparen können.

Ferienwohnung/Apartment 3 - Miaap Apartments

Sollte Ihre Wahl auf dieses Apartment fallen, wählen Sie unbedingt das Studio-Apartment (geeignet für 2 Personen) aus. Sie bekommen hier eine sehr gute Ausstattung und das nur etwa 200m vom Zentrum entfernt. Für sieben Nächte zahlen Sie ca. 462,00 €.

Ferienwohnung/Apartment 4 - Tuzlak´s Apartment II

Dies ist ein sehr modernes Apartment, klein, aber fein, etwa 800m von der Altstadt entfernt und an der Lateinerbrücke gelegen. Hier können bis zu 3 Personen Platz finden.

7 Übernachtungen für 2 Personen kosten in etwa 315,00 €.

In allen Hotels können Sie wie gewohnt mit Karte, Kreditkarte oder Bar bezahlen. Bei den Apartments empfiehlt es sich, das Geld Bar dabei zu haben. In der Regel nehmen die Vermieter der Apartments aber auch Euro an.

EIN PAAR WICHTIGE WORTE UND SÄTZE AUF BOSNISCH/SERBO-KROATISCH

Ich gebe Ihnen ein paar Worte und Sätze mit in Ihren Urlaub. Bitte schämen Sie sich nicht, diese zu benutzen, denn die Menschen in Bosnien und Herzegowina sind sehr offen und freuen sich sehr, wenn Touristen sich bemühen, in der Landessprache zu kommunizieren. Ansonsten werden Sie mit Deutsch und Englisch aber auch bestens zurechtkommen.

Hier vorab eine kurze Unterweisung bei der Aussprache einzelner Buchstaben:

č/ć = <u>tsch</u>üs

đ/dž = <u>J</u>umbo (wie im englischen)

š = <u>Sch</u>ule

v = <u>W</u>elt

z = Susi

ž = Gara<u>g</u>e

Häufige Wörter und Sätze

da/ja – ja

ne hvala! – nein danke oder auch hvala ne – danke nein

puno hvala! – vielen Dank!

nema na čemu! – nicht zu danken!

molim? – wie bitte?

Izvoli! – bitteschön!

Izvolite! – bitteschön! (förmlich)

Dobro jutro! – Guten Morgen!

Dobar dan! – Guten Tag!

Dobra večer! – Guten Abend!

Doviđenja! – Auf Wiedersehen!

Fragen und Antworten im Alltag und Restaurant

-Kako si? – Wie geht es dir? Antwort könnte sein:

-Ja sam dobro. – Mir geht's gut.

-Kako ste? – Wie geht es Ihnen?

-Kako se zoveš ti? – Wie heißt Du?

-Kako se zovete vi? – Wie heißen Sie?

-Ja se zovem ... – Ich heiße ...

-Gdje mogu dobro doručkovati? Wo kann ich gut frühstücken gehen?

-Gdje se može dobro ručati – Wo kann man gut zu

Mittag essen?

-Gdje se može dobro večerati – Wo kann man gut zu Abend essen?

-Mogu li dobiti kartu/jelovnik? – Könnte ich die Speisekarte bekommen?

-Koje predjelo mi možete preporučiti? – Welche Vorspeise können Sie mir empfehlen?

-Koje glavno jelo mi možete preporučiti– Welchen Hauptgang können Sie mir empfehlen?

-Kakve priloge imate – Welche Beilagen haben Sie?

-Imate li kartu/jelovnik na njemačkom? – Haben Sie die Speisekarte auf Deutsch?

-Ne jedem meso. Ja sam vegetarijanac/vegetarijanka. – Ich esse kein Fleisch. Ich bin Vegetarier/Vegetarierin.

-Molim vas želim platiti. Mogu li dobiti račun?– Bitte, ich wünsche zu zahlen, können Sie mir die Rechnung bringen?

-Je li sve bilo u redu (sa jelom)? – War alles in Ordnung (mit dem Essen)? Hvala, sve je bilo u redu – Danke, es war alles in Ordnung

-Ostatak je za vas! – Behalten Sie das Restgeld!

KLISCHEES UND EIN KLEINER KNIGGE FÜR BOSNIEN UND HERZEGOWINA!

Kommen wir zu den Klischees, die vielleicht gar keine sind...

Über die Menschen vom Balkan sagt man Vieles, unter anderem, Sie seien etwas unzuverlässig, laut, temperamentvoll, herzlich und hilfsbereit.

Eines vorweg, natürlich ist jeder Mensch anders und es trifft nicht immer alles auf alle Menschen zu, aber generell kann man schon sagen, dass die Menschen vom Balkan, also auch die Bürger Bosnien und Herzegowinas, eher unzuverlässiger sind als die Deutschen. Die Deutschen gelten aber auch in Ländern wie Bosnien und Herzegowina, Kroatien, Slowenien etc. als besonders zuverlässig, ordentlich, sauber und vorbildlich., somit sind Deutsche immer gern gesehene Gäste.

Es gab da einmal einen netten Zeitungsartikel, in dem eine Vermieterin berichtet hat, wie Sie die Apartments nach den unterschiedlichsten Besuchern (hier ging es um Urlauber aus England, Russland, Deutschland, Italien, Mazedonien und anderen Ländern) vorgefunden hat. Die deutschen Touristen haben dabei wie folgt und bestens abgeschnitten: Die Vermieterin hat das Geld vollständig und pünktlich erhalten, das Benehmen war tadellos, das Apartment war bei der Abreise vollständig gereinigt (obwohl dies gar nicht gefordert war) und ein Abschiedsgeschenk für die Vermieter gab es auch noch. Genau dies ist das Bild, das viele deutsche Touristen in den Balkanländern hinterlassen haben. Freuen Sie sich darüber.

Kommen wir zu Verabredungen. In Bosnien und Herzegowina heißt eine um 11.00 Uhr angesetzte Verabredung nicht, dass man zwingend pünktlich sein muss. Es ist nicht so schlimm, wenn es etwas später wird, es sollte aber auch keine ganze Stunde später sein, 10-15 Minuten sind jedoch überhaupt kein Problem. Sollte man in Bosnien und Herzegowina ein Haus bauen wollen, sollte man auch hier längere Bauzeiten einplanen.

Die Handwerker könnten auch einmal an einem Tag gar nicht auftauchen, wenn Sie keine Lust haben oder das Wetter nicht schön ist. Aber auch das gehört dazu, die Menschen in Bosnien und Herzegowina sind deswegen jedoch deutlich entspannter. Man arbeitet, um zu leben und nimmt das Ganze einfach nicht so ernst. Die Menschen in Bosnien sind oft bis spät in die Nacht wach, sitzen gemütlich zusammen bei netten Gesprächen, sind in der Stadt im Café oder brennen im Herbst auch einmal Schnaps zusammen oder räuchern Fleisch.

Alles in allem kann man also das Klischee der Unzuverlässigkeit bestätigen, es ist gar nicht eine so selten vorkommende Eigenschaft. Diese resultiert aber oft aus schönen Unternehmungen im Alltag. Wenn man also bedenkt, wie die Menschen hier das Leben nehmen und wie es in vollen Zügen genossen wird, kann man sich vielleicht auch etwas von der Gelassenheit abschauen und einmal so richtig den Geist runterfahren und entspannen, ganz ohne schlechtes Gewissen. Sie sind ja schließlich im Urlaub.

Wie Ihnen bei Ihrem Aufenthalt in Bosnien auch sicher auffallen wird, sind die Menschen in Bosnien tatsächlich auch etwas laut. Im Gespräch schaukelt sich die Lautstärke manchmal schnell etwas hoch, erschrecken Sie nicht, es geht selten um einen Streit, die Menschen sind bei Diskussionen nur immer mit Leib und Seele dabei und gestikulieren auch ganz gerne einmal wild herum. Es kann für

Außenstehende schnell nach einem Streit aussehen, dem ist aber nicht so. Das ist einfach das Temperament, das mit den Leuten durchgeht beim Sprechen. Jeder möchte gehört werden und es kommt auch oft vor, dass man beim Sprechen unterbrochen wird, das ist jedoch keine böse Absicht. Da die Bosnier aber gerne und viel sprechen, übrigens auch die Männer unter ihnen, ist es manchmal einfach schwierig, dazwischenzukommen. Dann kann es also auch einmal sein, dass jemand im Gespräch unterbrochen wird. Dem wird in Bosnien aber keine besondere Unhöflichkeit angelastet.

Die nachgesagte Herzlichkeit und Hilfsbereitschaft kann ich in jedem Fall bestätigen. Sie werden diese in Ihrem Urlaub sicher selbst erleben. Es passiert nicht selten, dass Vermieter von Apartments ihre Gäste zum Essen oder Grillen einladen oder ihnen anbieten, die Wäsche zu waschen. Dies sind wirklich ernst gemeinte Angebote, die man auch gerne annehmen kann.

Achtung Fettnäpfchen, ein kleiner Knigge für Sarajevo und Bosnien

Durch seine ethnische und religiöse Vielfalt wird dieses Land erst so besonders. Sie als Urlauber sollten die Gebräuche der verschiedensten Religionsgemeinschaften respektieren. Bedenken Sie, dass die Menschen im Land überwiegend muslimisch (40 %), außerdem serbisch-orthodox (31 %) und römisch-katholisch (15 %) sind.

Trinken in der Öffentlichkeit ist nicht gern gesehen und führt zur Ausgrenzung, dies ist besser zu beachten. Trinken in den Cafés oder Gaststätten stellt kein Problem dar, es geht hierbei eher um öffentliche Plätze oder die Straße.

Sind Sie von Einheimischen eingeladen worden? Vergessen Sie nicht, ein kleines Geschenk zu Ihrer Einladung mitzunehmen, in der Regel schenkt man dem Einladenden eine Geschenktüte mit Kaffee (dem Bosnischen Kaffee, dieser wird mit Kaffeesatz getrunken), Würfelzucker (wird zum Kaffee benötigt), etwas Süßes (für die Frau, den Mann und die Kinder) wie Schokolade, Kekse oder Pralinen und einen Wein oder Likör. Achtung, hier lauert das erste Fettnäpfchen: Wenn es sich um eine Einladung einer sehr religiösen, muslimischen Familie handelt, denken Sie bitte daran, keinen Alkohol zu verschenken und auch keine Süßigkeiten mit Alkohol. Es kann als unhöflich oder unbedacht gelten, wenn Alkohol verschenkt wird. Sind Sie sich nicht sicher, lassen Sie den Alkohol einfach weg bei Ihrer Geschenkauswahl. Bei den serbischen und kroatischen Bürgern müssen Sie nichts im Hinblick auf die Geschenkauswahl beachten.

Denken Sie daran, unbedingt die Schuhe im Flur oder vor der Tür auszuziehen, dies ist ein Muss. Auch wenn Ihnen gesagt wird, Sie können diese anlassen, ziehen Sie die Schuhe besser aus (gilt im Übrigen für alle 3 Nationen). Angebotene Hausschuhe können gerne angenommen werden.

Seien Sie vorbereitet auf einen Toilettengang. Sind Sie auf die Einladung einer muslimischen Familie eingegangen, sollten Sie sich Taschentücher einpacken, denn bei altmodischen Familien in älteren Häusern könnten Sie auf eine sogenannte französische Toilette treffen. Diese ist aber nur noch sehr selten anzutreffen. Weiterhin ist es möglich, dass kein Toilettenpapier auf der Toilette liegt, sondern eine Flasche Wasser. Den Rest werde ich sicher nicht ausführen müssen, daher ist es besser, auch auf Ausflügen immer Taschentücher dabei zu haben. Die Flasche Wasser auf dem WC ist übrigens der Grund, warum in Ländern mit einer starken Vertretung des muslimischen Glaubens die linke Hand als unrein gilt und diese auf jeden Fall nicht zum Essen benutzt werden sollte und auch nicht zur Begrüßung.

In traditionellen muslimischen Familien ist es außerdem (mittlerweile auch sehr selten) noch möglich, dass auf einem Laken auf dem Fußboden gegessen wird. Schrecken Sie nicht zurück, das ist eine wirklich nette und einmal eine ganz andere Gelegenheit, zu essen. Ich habe mich als Kind einer christlichen Familie immer sehr gefreut, wenn ich meine Freundin Susana besucht habe und dort auf dem Boden mit ihr und ihrer Familie essen durfte. Es sind ganz tolle Erinnerungen, die ich an diese Zeit habe und Sie sollten sich diese Erfahrung nicht nehmen lassen, wenn Sie Gelegenheit dazu bekommen.

Sollten Sie in einem der großen Einkaufszentren in der Stadt einkaufen gehen, werden Sie vermutlich vergeblich nach Schweinefleisch oder Alkohol suchen (achten Sie hierzu auf Arabische Schriften im Eingangsbereich, dies erleichtert Ihnen die

Zuordnung etwas), diese bieten beides nicht an. Sie müssen wissen, dass einige große Einkaufszentren häufig mit Geldern aus Saudi-Arabien erbaut wurden, somit werden aus religiösen Gründen Produkte wie Schweinefleisch und Alkohol nicht mit ins Programm genommen. Vermeiden sie es also, die Verkäufer danach zu fragen, somit ersparen Sie sich eine unangenehme Situation für sich und den Angestellten/die Angestellte. In Supermärkten wie zum Beispiel dem Konzum, erhalten Sie auch Schweinefleisch und Alkohol, wenn gewünscht.

Lassen Sie die anderen Kulturen auf sich zukommen und genießen Sie das etwas andere, Sie sind ja schließlich im Urlaub und möchten auch einmal etwas Neues versuchen. Es wird Ihnen sicher Freude bereiten.

FORTBEWEGUNGSMITTEL IN DER STADT UND UM DIE STADT HERUM

Fahrrad

Sie können die Stadt und die Gegend klimaneutral mit dem Fahrrad erkunden. Hierzu können Sie sich ganz unkompliziert bei **nextbike Sarajevo** Fahrräder mieten. Nextbike ist an folgenden Standorten erhältlich: BBI Center, Alta Shopping Center, Importanne Center und an einigen Weiteren. Die genauen Standorte ebenso wie Preisaktionen können Sie sich auf der folgenden Website anschauen: https://www.nextbike.ba/bs/sarajevo/lokacije/

Sie können die Fahrräder täglich 30 Minuten gratis nutzen, nach Ablauf dieser Zeit kommt je 60 Minuten eine Gebühr von 1,50 KM/BAM hinzu. Die Fahrräder können über das Terminal vor Ort oder über die mobile App freigeschaltet werden.

S-Bahn

Die Straßenbahn verkehrt auf 6 Linien, tagsüber können Sie alle Ziele in Sarajevo gut und preisgünstig erreichen. Die Hauptlinie 3 verkehrt am

Längsten, nämlich von 05.00 - 23.30 Uhr.

Bus

Es gibt auch eine große Anzahl an Bus- und Minibus-linien, die das Stadtzentrum und die umliegenden Ortschaften verbinden. Wenn Sie die einzelnen Stadtteile und Orte nicht gut kennen und nicht im Voraus genau wissen, wo Sie hinmöchten, ist Busfahren nicht ganz so vorteilhaft in der Stadt.

Taxi

In Sarajevo gibt es mehrere Taxiunternehmen, die im Vergleich zu anderen europäischen Ländern sehr erschwingliche Preise anbieten. Der Startpreis für Taxifahrzeuge beträgt in den meisten Fällen 1,50 KM/BAM, während jeder weitere Kilometer mit 1 KM/BAM berechnet wird. Erfragen Sie im Voraus den ungefähren Preis. Ich habe Ihnen hier ein paar Kontaktnummern der ortsansässigen Taxiunternehmen zusammengestellt:

Crveni Taxi/rotes Taxi: +387 33 760 600

Kale Taxi: +387 33 570 900

Paja Taxi: +387 33 15 22

Samir & Emir Taxi: +387 33 15 16

Zuti Taxi/gelbes Taxi: +387 33 663 555

Pkw

Mit dem Pkw sind Sie flexibel außerhalb der Stadt, für Ausflüge im Außenbereich empfiehlt sich somit am besten der Pkw. Die Stadt sollten Sie besser mit dem Rad, zu Fuß oder mit der S-Bahn erkunden, da es nicht ganz einfach ist, einen freien Parkplatz zu bekommen und es je nach Jahreszeit zu sehr hohen Besucherspitzen kommen kann (besonders im Sommer).

DAS BIETEN SARAJEVO UND BOSNIEN UND HERZEGOWINA AN SIGHTSEEING, SPORT UND NIGHTLIFE

Historisches

"Europas Jerusalem" ist heute wundervolles Touristenziel voller schöner und besonderer Restaurants, Cafés, Museen und Kneipen. Die Stadt bietet für die verschiedensten Interessen etwas. Sind Sie interessiert an historischen Bauten, dann werden Sie in Sarajevo einiges zu besichtigen haben. Fangen wir einmal an in der Baščaršija, übersetzt bedeutet dies so viel Hauptmarkt. Hierbei handelt es sich um den historischen Markt im Stadtzentrum und das Herz der

Altstadt. Schlendern Sie durch die Gassen, diese sind übersät mit schönen und kleinen Läden und Boutiquen. Sie können hier in der Kupfergasse orientalisches Geschirr, Lampen, Tücher etc. kaufen, machen Sie sich also auf Souvenirjagd.

Sie müssen wissen, dass es im Bosnischen viele türkische und/oder arabische Worte gibt, die im Alltag verwendet werden. Werden Sie also von den Händlern mit einem freundlichen „Salam Aleikum" (Arabisch: Der Friede sei mit euch) begrüßt, erwidern Sie den Gruß mit „Wa aleikum as-Salam" („Und Friede sei auch mit dir/euch"). Es schadet übrigens nicht, zuerst mit „Salam Aleikum" zu grüßen, das bringt Ihnen gleich Sympathiepunkte bei den Händlern und eröffnet Ihnen die Tür zum Feilschen um den günstigsten Preis. Handeln ist auf dem Markt in jedem Fall erlaubt, also trauen Sie sich ruhig. Sehen Sie sich in der Baščaršija unbedingt den Brunnen Sebilj an. Dieser hat die Form eines Kiosks und ist am Abend schön beleuchtet und lädt zum Sitzen auf den ihn umgebenden Stufen ein. Genießen Sie von hier aus den Blick in die Jahrhunderte alte Altstadt und versetzen Sie sich in eine andere Zeit.

In der Altstadt können Sie sich außerdem einige

wunderschöne Moscheen ansehen, denn in und um Sarajevo herum gibt es über 200 Moscheen, mehr als in so manchem Fernostland. Denken Sie hier bitte an die richtige Bekleidung, am besten eine lange Hose und ein Longsleeve, und daran, dass eine Moschee nicht mit Schuhen betreten werden darf.

Ansonsten ist auf den Straßen kleidungstechnisch fast alles erlaubt, Sie sollten nur keine politische Kleidung oder Kriegsbekleidung tragen und die wichtigsten Körperteile sollten auch immer bedeckt sein. Wir haben ganz in der Nähe des Sebilj Brunnens die Baščaršija Moschee, ein paar Meter weiter ist mein persönlicher Favorit, die Gazi Husrev-Beg Moschee aus dem Jahr 1530/31. Diese ist wunderschön, hell und bunt bemalt, am Eingang befindet sich ein Brunnen für die Gläubigen für die Reinigungen vor den Gebeten.

Wie Sie sich sicher vorstellen können, werden bei so vielen Moscheen auch viele Gläubige in der Stadt wohnen, der Muezzin ruft diese fünfmal täglich zum Gebet, den Ruf werden Sie nicht überhören können. Schauen Sie sich ruhig an, wie viele Menschen dem Ruf folgen werden, es sind einige. Direkt neben der Gazi Husrev-Beg Moschee befindet sich der

Uhrturm von Sarajevo (auf Bosnisch: Sarajevska sahat kula). Dieser wurde zum Nationaldenkmal erklärt und ist mit seinen 30 Metern der höchste von 21 Uhrtürmen. Die erste Erwähnung dieses Turms fand im 17. Jahrhundert statt, die Erbauung wird aber auf das 15. Jahrhundert geschätzt. Gazi Husrev Beg, der Namensgeber der Moschee, soll auch den Bau des Turmes veranlasst haben.

Genießen Sie den Anblick der unterschiedlichsten Moscheen, unter Ihnen werden Sie auch einige Neuere entdecken, wie die größte Moschee des Balkans, die im Jahr 2000 mit Spenden und Geldern aus Saudi-Arabien gebaut wurde, die König-Fahd-Moschee. Sie werden feststellen, dass das Land einem starken Einfluss der arabischen Staaten unterliegt, diese unterstützen das Land nämlich im Wiederaufbau.

Die im Jahr 1874 eröffnete Mariä-Geburt-Kathedrale (Saborna Crkva Rođenja Presvete Bogorodice) können Sie ebenfalls im Stadtzentrum entdecken und besuchen. Bei der Kathedrale handelt es sich um eine der größten serbisch-orthodoxen Kirchen auf der Balkanhalbinsel. Die römisch-katholische Herz-Jesu-Kathedrale (<u>Katedrala Srca Isusova</u>), bei der es sich um eine neugotische Basilika handelt, erbaut in den Jahren 1884-1889, liegt unweit der Mariä-Geburt-Kathedrale.

Viele weitere Bauten sowie die alte Synagoge, die heute jedoch als Jüdisches Museum genutzt wird, werden Ihnen bei Ihrem Stadtbummel begegnen. Eine weitere Synagoge, die Aschkenasische aus dem Jahr 1902, am Fluss Miljacka gelegen, werden Sie sicher auch bemerken. All diese Bauwerke sind der Grund für Sarajevos Besonderheit, denn nur noch in Jerusalem ist eine solche Vielseitigkeit an intakten Bauten unterschiedlicher Religionen wiederzufinden.

Bleiben wir noch einen Moment in der Altstadt. Sehen Sie sich unbedingt die Velike daire (Hadžimuratovića daire) an. Hierbei handelt es sich um alte Lagerhäuser aus dem 18. Jahrhundert, die im Laufe der Jahre immer wieder umgebaut wurden und deren Nutzung sich des Öfteren änderte. Heute finden Sie dort unter anderem ein schönes Café, vielleicht nehmen Sie sich gleich die Zeit, einen bosnischen/türkischen Kaffee (Kahva) zu trinken.

Wenn Sie nun weiter in den äußeren Bereich der Innenstadt laufen, in Richtung des Flusses Miljacka, werden Sie viele schöne Brücken entdecken, die über den Fluss führen, unter anderem auch die Lateinerbrücke (Latinska ćuprija). Es handelt sich hierbei um eine osmanische Steinbogenbrücke. Zu Zeiten des ehemaligen Jugoslawiens war sie nach dem Attentäter von Erzherzog Franz Ferdinand benannt. Sie trug den Namen Gavrilo Princip Brücke.

Blicken Sie flussabwärts an dem Fluss Miljacka entlang, werden Sie sicher einen kurzen Moment denken, Sie seien in Österreich, denn hier befinden sich unzählige Bauten aus der Zeit der österreich-ungarischen Herrschaft.

Ihnen wird hier ganz sicher besonders die Akademie der Schönen Künste auffallen. Das Gebäude erinnert an ein Schloss und es ist eines der schönsten Gebäude in Sarajevo. Am Ufer des Flusses Miljacka gelegen, wurde es im Jahr 1899 von dem tschechischen Architekten Karel Pařík erbaut und nach dem Krieg wieder aufgebaut, ursprünglich war dies eine evangelische Kirche.

Wir haben ebenfalls das Rathaus (Vijećnica) am Fluss gelegen. Dieses Gebäude wurde 1892-1894 gebaut, der Bau kostete 984.000 Kronen. Das Gebäude wurde in einer stilistischen Mischung aus historischem Eklektizismus erbaut, vorwiegend im pseudo-maurischen Ausdruck. Am 25. August 1992 fiel das Gebäude, wie so viele andere, dem Bürgerkrieg zum Opfer. Das damals als Nationalbibliothek genutzte Gebäude und alles darin Befindliche wurde zerstört. Durch Spenden aus Österreich, der EU und Barcelona konnte das Gebäude sowie große Teile der Inneneinrichtung wieder instandgesetzt und rekonstruiert werden. Das heute unter Denkmalschutz stehende Gebäude wird für verschiedene Veranstaltungen genutzt.

Verlassen wir die Stadt einen Augenblick und verschaffen uns einen Überblick über diese von oben. Wir haben als wunderbaren Aussichtpunkt die weiße Bastion (Bijela Tabija). Von dieser alten, um 1550 erbauten Burgruine/Festung aus haben Sie einen tollen Blick auf den historischen Kern von Sarajevo. Oder Sie können sich auch die gelbe Bastion (Žuta Tabija) anschauen und den Blick von dieser genießen, diese wurde zwischen 1727-1739 erbaut.

Ewiges Feuer

Im Zentrum von Sarajevo, an der Kreuzung der Straßen Mula Mustafa Bašeskije, Titova und Ferhadija, befindet sich das Ewige Feuer (Vječna vatra). Dies ist ein Denkmal für die Opfer des Zweiten Weltkrieges. Das Denkmal wurde am 06.04.1946 erbaut und geweiht. Bleiben Sie einen kurzen Moment stehen und schauen Sie auf die wirklich lange und bewegte Geschichte dieser Stadt zurück und gedenken Sie der Opfer. Viele Touristen nutzen diesen schönen Ort für ein Urlaubsfoto, besonders schön ist dieser Ort bei Nacht.

Titos Bunker

Sagt Ihnen der Name Tito etwas? Schauen Sie sich doch den zwischen 1953 und 1979 erbauten Bunker an. Dieser hat stolze 4,6 Milliarden Dollar gekostet und sollte der Staats- und Armeeführung Jugoslawiens im Falle eines Atomkrieges Unterschlupf gewähren. Tito ließ diesen Bunker 280 Meter tief in das Bergland von Zentralbosnien hauen. Ca. 1 Stunde Fahrzeit von Sarajevo entfernt, können Sie sich diesen Milliardenbau anschauen, aber denken Sie bitte an eine Reservierung, diese ist im Voraus notwendig.

Olympische Ruinen

Wir gehen zurück in das Jahr 1984. Wussten Sie, dass Sarajevo in diesem Jahr die Olympiastadt für die Winterspiele war? Leider fielen die meisten

Olympiabauten ebenfalls dem Krieg zum Opfer, die Gebiete wurden Schauplatz unerbittlicher Kämpfe. Im ganzen Land finden noch immer Minenräumarbeiten statt, auch hier. Sollten Sie einen Ausflug in die ehemalige Olympiagegend planen, seien Sie bitte besonders vorsichtig und verlassen Sie nicht die gekennzeichneten Wege.

Bürgerkriegstourismus
Die Stadt Sarajevo wurde im Bürgerkrieg 1425 Tage lang belagert, die Menschen in der Stadt waren gefangen und ganz normale Güter wie Wasser und Nahrung waren schwer zu besorgen und immer knapp. Sehen Sie sich unbedingt den Sarajevo Tunnel an. Die Menschen wurden kreativ in Ihrer Verzweiflung und gruben einen Tunnel von einem Haus aus, raus aus der Stadt, zum Gebiet des heutigen und damaligen Flughafens von Sarajevo. Lange Zeit war dies die einzige Möglichkeit, lebend aus der Stadt zu kommen und die Versorgung zu gewährleisten. Das Haus steht heute noch und die Einschusslöscher sind Zeitzeugen des Krieges. Heute ist das Haus der Familie Kolar mit dem Eingang und einem Originalstück des Tunnels von 20 Metern Länge ein Museum.

Ein Tagesausflug nach Ägypten

Wenn Sie einmal genug von der Stadt haben, machen Sie doch einen Tagesausflug. Wussten Sie, dass es in Bosnien und Herzegowina Pyramiden gibt? Etwa 45 Minuten Fahrzeit mit dem Auto von Sarajevo entfernt liegt der Ort Visoko. Hier wurde vor einigen Jahren eine unglaubliche Entdeckung gemacht, die auch heute noch Rätsel aufwirft. Die hier entdeckten Pyramiden, insbesondere die sogenannte Sonnenpyramide, sind zu einem Magneten für neugierige Menschen aus der ganzen Welt geworden. Die Erkundung der Pyramiden ist besonders etwas für wanderfreudige Urlauber.

Sie können in der Gegend um Sarajevo herum und eigentlich in ganz Bosnien wunderbar wandern gehen. Bosnien und Herzegowina ist ein sehr grünes Land voller unberührter Natur. Es gibt Flüsse, Seen, Berge, Wälder und das in nahezu jeder Gegend dieses Landes. Seien Sie bitte nur auch hier vorsichtig und achten Sie auf Beschilderungen. Es ist dringend davon abzuraten, die Schilder zu ignorieren, da es noch viele verminte Gebiete gibt.

Ein Tagesausflug nach Mostar – ein besonderer T(r)ip!

Eine weitere historische Stadt dieses Landes ist das wundervolle Mostar (übersetzt Brückenwächter). Mostar ist etwa 130 km von Sarajevo entfernt, mit dem Pkw benötigen Sie etwa 2 Stunden, um Mostar zu erreichen. Die alte Brücke (stari most) genannt, ist in den Jahren 1556-1566 von dem osmanischen Architekten Mimar Hajrudin erbaut worden. Leider fiel auch diese Brücke im Jahr 1993 dem Bürgerkrieg zum Opfer und wurde vollständig zerstört. Die Restaurierung der Brücke begann im Jahr 1996 und wurde 2005 beendet. In Mostar gibt es Bauwerke wie die Karađozbeg-Moschee (Karađozbegova džamija) aus dem Jahr 1557 zu entdecken. Etwas außerhalb, in einem Vorort namens Cim, befindet sich eine christliche Basilika, die auf das 5. oder 6. Jahrhundert datiert wird. Eine serbisch-orthodoxe Kathedrale (der Heiligen Dreifaltigkeit), die ebenfalls im Bürgerkrieg zerstört wurde und sich seit 2010 im Wiederaufbau befindet, ist ebenfalls einen Besuch wert.

Wussten Sie, dass die Altstadt von Mostar sowie die Steinerne Brücke zum UNESCO-Welterbe zählen? Lassen Sie sich einen Besuch nicht entgehen.

Ein Tagesausflug für die christlichen Pilger –
Besuchen Sie Međugorje

Unweit von Mostar (ca. 30 km südwestlich von Mostar) entfernt, befindet sich die Stadt Međugorje. International bekannt wurde Međugorje in den 1980er Jahren, als Einwohner von Marienerscheinungen berichteten. Die römisch-katholische Kirche verweigert die Anerkennung dieser, seit 2019 sind jedoch offiziell Wallfahrten erlaubt, auch wenn dies nicht als Anerkennung der Erscheinungen zu deuten ist (laut Vatikan).

Ausflug für Naturbegeisterte

Wir sind noch immer in der Gegend um Mostar herum. Wenn Sie ein Naturfreund sind und sich ein wunderschönes Naturspektakel ansehen möchten, besuchen Sie die Kravica Wasserfälle. Besonders im Frühling oder Sommer ist es hier wundervoll, sie werden nicht mehr fortgehen wollen.

Wenn Sie sich lieber etwas in der Nähe von Sarajevo anschauen möchten, besuchen Sie doch den Skakavac Wasserfall, etwa 13 km von der Stadt entfernt. Dieser friert im Winter sogar gelegentlich ein.

Etno Selo

Bosnien und Herzegowina hat inzwischen unzählige Etno Sela. Hierbei handelt es sich um Dörfer, die im altertümlichen Stil aufgebaut wurden. Vielleicht haben Sie ja Lust, sich eines anzuschauen? Wie wäre es mit dem ca. 40 km von Sarajevo entfernten Etno Begovo selo?

Nightlife in Sarajevo

In Sarajevo und ganz Bosnien und Herzegowina spielt sich die meiste Zeit des Lebens auf den Straßen und außerhalb der eigenen Wohnräume ab. Die Menschen sitzen hier stundenlang im Freien oder in Cafés und Pubs, die sich abends auch oft zu kleinen Clubs verwandeln. Es ist nicht unüblich, bis 2 oder 3 Uhr nachts im Café mit Freunden zu sitzen. Clubs und Diskotheken gibt es auch, diese werden aber nicht vor 2 oder 3 Uhr aufgesucht. Machen Sie es sich in einem netten Café, in einem Pub oder in einer Cocktailbar gemütlich, zum Beispiel in der Bar Zlatna Ribica (goldenes Fischlein). Hier können Sie in einem wirklich wunderbar kitschigen Ambiente den Abend beginnen oder auch im Cafe Barometer. Anschließend können Sie ab 2 Uhr rüber in den Jazz Club Monument schlendern. Dieser Jazz Club befindet sich in einem Keller, wo Sie eine tolle Akustik, ein cooles Ambiente sowie preiswerte Getränke erwarten. Wenn Jazz nichts für Sie ist, würde ich Ihnen empfehlen, den Trezor Club zu besuchen. Der Club befindet sich in einem alten Luftschutzbunker. Hier kommen Liebhaber der elektronischen Musik auf ihre Kosten, ein modernes Ambiente und die Sound-Licht-Effekte werden Sie umhauen.

BESONDERE AKTIVITÄTEN – REISEN SIE MIT KINDERN?

Ilidža Thermal Riviera

Reisen Sie mit Kindern? Dann wollen Sie diesen sicher etwas Besonderes bieten. Wieso besuchen Sie nicht die Ilidža Thermal Riviera? Diese verfügt über tolle Rutschen, Indoor- und Outdoorbecken und ist ein riesiger Spaß für Groß und Klein. Nachtbaden bis 02.00 Uhr ist hier ebenfalls möglich und die Preise sind mehr als erschwinglich: Eine Tageskarte für einen Erwachsenen kostet 9 KM (also ca. 4,50 €) und für ein Kind bezahlen Sie 7 KM (ca. 3,50 €). Hier gibt es außerdem auch Sparangebote für Familien. Weitere Informationen zu Öffnungszeiten und Preisen erhalten Sie auf der folgenden Website:

http://www.terme-ilidza.ba

Vrelo Bosne

Sie können auch das Vrelo Bosne besuchen. Hierbei handelt es sich um einen öffentlichen Park, in dem Sie gemütlich spazieren gehen, Schwäne und Enten füttern sowie einfach nur entspannen und die Seele baumeln lassen können.

Sarajevo Zoo (Pionirska dolina)

Wie wäre es mit einem Zoobesuch? Kinder bis 5 Jahre haben kostenlosen Eintritt, Kinder von 5-15 Jahren zahlen 2,50 KM (ca. 1,25 €) und Erwachsene 3,00 KM (1,50 €). Hierbei handelt es sich nicht um einen klassischen Zoo, es ist eher eine Mischung aus einem Tierpark und einem großen Spielplatz – also ist für die ganze Familie etwas dabei.

Sunnyland Sarajevo

Da wir nun schon bei den Parks sind, hätten wir noch das Sunnyland. Dies ist ein Freizeitpark mit Fahrge-schäften. Die Karte kostet 6,00 KM (ca. 3,00 €). Ein Restaurant im Sunnyland rundet Ihren Besuch ab.

ESSEN UND TRINKEN, ABER BITTE MIT FLAIR

Ich hoffe, Sie essen Fleisch? In Bosnien wird viel Fleisch gegessen, natürlich soll das jetzt nicht die Vegetarier oder Veganer abschrecken, das Land zu besuchen, aber Fleisch wird wirklich häufig und viel gegessen. Außerdem essen die Bosnier gerne Desserts. Hier bekommen Sie die unterschiedlichsten Kuchen und Kaffees. In Restaurants sollte ein Trinkgeld von 5-10 % gezahlt werden, um nicht als unhöflich zu gelten. Generell ist es üblich, auch in anderen Bereichen ein kleines Trinkgeld zu zahlen, beispielsweise an den Taxifahrer oder an das Zimmermädchen.

Herzhaft, traditionell und modern
Kommen wir zu einem absoluten Must-Do in Sarajevo. Sie müssen unbedingt die Ćevabdžinicas ausprobieren. Ich würde diese eher zum Fastfood zählen, aber Sie dürfen sich das wirklich nicht entgehen lassen. Es gibt sehr viele davon und Sie werden überrascht sein, wie anders die Ćevapčići hier schmecken, gänzlich anders als die, die Sie bisher gekannt haben. In der Altstadt empfehle ich Ihnen die

Ćevabdžinica Mrkva. Bestellen Sie die Ćevapčići unbedingt im Brot (u Kruhu), mit Kajmak (ähnelt Schmand) und Ajvar. Hier haben Sie eine schöne Atmosphäre und einen tollen Blick in die alten Gassen.

Ein richtiges und unglaubliches Abendessen bekommen Sie im **Beehive BBQ Pub.** Hier gibt es schöne Biere und guten Service. Das Restaurant hat eine sehr besondere und entspannte Atmosphäre, genau das, was man nach einem Tag voller Sinneseindrücke von der Innenstadt Sarajevos braucht. Die Preisspanne für ein Essen liegt hier zwischen 8 BAM bis 120 BAM (ca. 4,00 € - 60,00 €).

Toller Tipp für Vegetarier und Veganer: Bei **Žara iz duvara** kommen alle auf Ihren Genuss. Hier gibt es auch für alle etwas Traditionelles auf der Karte. Bei einer Preisklasse von 4 BAM (ca. 2,00 €) bis 20 BAM (ca. 10,00 €) bekommen Sie hier bei schöner Atmosphäre tolle orientalische Gerichte schön angerichtet.

Im Kern von Sarajevo bietet weiterhin das Restaurant **Klopa** (Futter) eine tolle Auswahl an Gerichten. Hier kommen ebenfalls die Vegetarier und Veganer nicht zu kurz. In einer Preisspanne von 4 BAM (ca. 2,00 €) bis 30 BAM (ca. 15,00 €) ist für jeden etwas dabei, es handelt sich hierbei um italienische Küche.

Wenn Sie lieber Fisch oder Meeresfrüchte mögen, lassen Sie sich nicht das **Libertas** entgehen. Sie bekommen hier für 25 BAM (ca. 12,50 €) bis 40 BAM (ca. 20,00 €) wunderbare frische Fischgerichte. Aber auch Fleischliebhaber, Vegetarier und Veganer kommen hier auf Ihren Genuss, bei hellem und freundlichem Ambiente.

Die **Konoba Magarac** (Gastschänke Esel) lädt ebenfalls zum gemütlichen Essen ein. Die Preisspanne liegt bei etwa 10,00 BAM (ca. 5,00 €) bis 40 BAM (ca. 20,00 €). Die Gastschänke ist eines der besten Fischrestaurants in Sarajevo, optisch erinnert es sehr an ein Fischrestaurant an der adriatischen Küste.

Für die Naschkatzen, Kaffee- und Teeliebhaber

Darf es als Dessert ein orientalischer Nachtisch sein, wie wäre es mit einem Kuchen? Ich kann Ihnen den **Baklava Shop** in der Baščaršija sehr ans Herz legen. Hier bekommen Sie natürlich nicht nur Baklava, sondern auch viele andere leckere Spezialitäten, allerdings sind die Bosnier, was Kuchen angeht, eine andere Süße gewöhnt, es könnte also etwas gewöhnungsbedürftig für den deutschen Gaumen werden. Jeden Tag eine neue Lokalität, es gibt so viele wunderbare Cafés mit tollen Desserts und bosnischen/türkischen Kaffee sowie die **Slasticarna Carigrad.** Sie glauben nicht, wie viel Kaffee die Bosnier trinken, ganz oft hört man den Satz: „Ajmo na Kavu", „Lass uns auf nen Kaffee (gehen)". Kaffee trinken ist die Spezialität der Bosnier, Kaffee in allen Variationen. Besuchen Sie doch auch einmal das **Wiener Café**, ein besonderes Café in der Stadt.

Sie werden wieder das Gefühl haben, nicht mehr in Bosnien zu sein, ein kleiner Ausflug nach Wien lohnt sich auf jeden Fall. Seien Sie jedoch bedacht bei der Bestellung: Ein Milchcafé ähnelt dem Filterkaffee in Deutschland am ehesten, viele anderen Sorten des Kaffees sind jedoch bosnische/türkische Variationen. Es handelt sich hierbei um sehr starken Kaffee/Mokka, der ungefiltert in einer Kanne gekocht wird.

Ich empfehle Ihnen, den Kaffee unbedingt zu probieren, aber vielleicht nicht unbedingt vor dem Schlafen gehen. Sie wollen sich einmal von den historischen Eindrücken erholen? Dann besuchen Sie das sehr moderne **EspressoLab**. Hier gibt es auch

Frühstück und Desserts. Und noch was Besonderes für die **Shisha-Raucher** unter Ihnen, das **Mevlana Caffe** ist nicht nur ein Café, sondern zudem auch noch eine Spitzen-**Shisha-Bar** mitten in der Baščaršija. Sie mögen keinen Kaffee? Kein Problem, für die Teetrinker unter Ihnen gibt es auch etwas Besonderes zu entdecken und zu genießen, besuchen Sie doch das Teehaus **Čajdžinica Džirlo**. Es ist ein altes Teehaus, welches eine Geschichte der vergangenen Zeit erzählt, die Geschichte einer alten Kultur, die man auch heute noch sehen und erleben kann.

EINKAUFEN UND SOUVENIRSHOPPING – WAS DARF UND/ODER MUSS MIT INS GEPÄCK? WAS DÜRFEN SIE NICHT MITNEHMEN?

Besuchen Sie die Kupfergasse in der Baščaršija, denn wenn Sie in Ihrem Urlaub zu einem leidenschaftlichen bosnischen/türkischen Kaffeetrinker geworden sind, müssen Sie sich unbedingt als Souvenir Kaffeegeschirr aus Kupfer oder einem anderen Metall mitnehmen.

Ganz besonders wichtig ist dann auch eine Džezva – eine Mokkakanne, in der der Kaffee traditionell zubereitet wird. Jeder Haushalt in Bosnien und Herzegowina besitzt mindestens eine davon. Diese gibt es wundervoll verziert aus Kupfer, aus anderen Metallen oder auch ganz schlicht. Außerdem bekommen Sie schöne Wasserpfeifen, komplett aus Metall. Diese lassen sich auch gut und ohne Schäden im Flugzeug transportieren. Sie bekommen in der Kupfergasse auch wunderschöne Metall-Kugelschreiber, Metalltablette, schöne Tücher im orientalischen Stil, Magnete etc.

Den bosnischen/türkischen Kaffee selbst

bekommen Sie hierzulande in gut sortierten türkischen Supermärkten, aber es kann natürlich nicht schaden, sich die Lieblingssorte mitzunehmen. Für die Raucher unter Ihnen gibt es erfreuliche Nachrichten, denn Zigaretten sind in Bosnien und Herzegowina verhältnismäßig preiswert.

Wenn Sie, wie zu Hause, einfach nur eine normale Shoppingtour machen möchten (also nicht unbedingt Souvenirs), lassen Sie sich nicht die **Ferhadija** Straße entgehen. Hier finden Sie Läden wie Mango, Swarovski, dm etc., und das in einer schönen Umgebung. Bei schlechtem Wetter eignen sich das Sarajevo City Center und das BBI Centar für Shoppingausflüge.

WUSSTEN SIE SCHON?

Auch einige berühmte internationale Stars hat es nach Sarajevo verschlagen. Angelina Jolie hat als Regisseurin in Sarajevo einen Film gedreht „**In the Land of Blood and Honey**". Weiterhin hat sie sich in Bosnien und Herzegowina humanitär engagiert. Sie erhielt für Ihren Film die Ehrenbürgerwürde Sarajevos und besuchte hierfür mit Ihrem damaligen Mann Brad Pitt die Stadt wiederholt.

Kennen Sie den DJ und Produzenten Solomun? Wussten Sie, dass er in Travnik (ca. 95 km von Sarajevo entfernt) geboren wurde? Im ehemaligen Jugoslawien geboren und in Hamburg lediglich aufgewachsen und nun international bekannt, verschlägt es ihn auch hin und wieder zu Auftritten in die Hauptstadt Bosniens.

WAS TUN, WENN EIN NOTFALL EINTRITT?

Ein Urlaub ist schön, aber er ist immer nur so lange schön, bis etwas Unerwartetes, nicht Planbares und manchmal nicht Schönes passiert.

Sollten Sie Ihre Dokumente und Ihr Geld verlieren, beklaut werden oder einen Unfall haben, beziehen Sie immer die Polizei mit ein. Bitte versuchen Sie, nichts ohne Polizei zu regeln, die Behörden in Deutschland brauchen in der Regel ohnehin einen Nachweis der Polizei, dass etwas vorgefallen ist.

Dokumentenverlust/Diebstahl/Unfall

Im schrecklichen Fall des Dokumentenverlustes wenden Sie sich nach der Polizei direkt an das Auswärtige Amt in Sarajevo beziehungsweise an die Deutsche Botschaft. Hier kann Ihnen geholfen werden, ein vorübergehendes Dokument zu bekommen, denn schließlich wollen Sie ja irgendwie auch wieder nach Hause kommen. Es kann nicht schaden, den eigenen Ausweis in einer Cloud als Scan zu speichern, sofern so etwas vorhanden ist, aber heutzutage bieten alle Emailanbieter eine kostenlose Cloud mit an, also nutzen Sie diese, nicht nur für diesen

Urlaub. Denken Sie auch an die Sperrung sämtlicher Karten. Mit einem vorläufigen Ausweis könnten Sie sich beispielsweise über Western Union auch Geld von zu Hause schicken lassen. Seien Sie immer gut vorbereitet, dann wird es in einer Notsituation einfacher für Sie, richtig zu handeln. Sollten Sie einen Unfall haben, rufen Sie unbedingt die Polizei dazu, regeln Sie nichts untereinander und gehen Sie nicht auf Zahlungsforderungen ein, um die Dinge zu bereinigen. Auch wenn Sie die Schuld an dem Unfall tragen, ist es immer besser, alles auf dem ordentlichen Weg zu klären.

Im Krankheitsfall

In der Regel sollten Sie Ihnen bekannte und regelmäßig einzunehmende Medikamente von zu Hause mitnehmen. Sollten Sie im Urlaub ernsthaft krank werden, sollten Sie abwägen, ob ein Rücktransport nach Deutschland sinnvoll ist. Hierfür sollten Sie vor Ihrer Reise eine entsprechende Versicherung abgeschlossen haben, man weiß nie, wo man diese vielleicht einmal gebrauchen kann. Nehmen Sie dies als eine klare Empfehlung für egal welches Reiseziel, eine Reiserückholversicherung ist ein MUSS, diese ist häufig bei Kreditkarten inklusive, fragen Sie einfach einmal nach. Die Kosten sind gering und im Notfall ist diese manchmal wirklich lebensrettend. Freiverkäufliche Medikamente bekommen Sie in den Apotheken (Apoteka auf Bosnisch), diese finden Sie ziemlich häufig in der Stadt.

Es gibt eine Besonderheit in Bosnien. Hier gibt es zum einen das Dom Zdravlja (Haus der Gesundheit) und die Bolnica (Krankenhaus). Es ist auf jeden Fall empfehlenswert, in ein Dom Zdravlja zu gehen. Dies ist medizinisch unter dem Krankenhaus angesiedelt, hier werden die unterschiedlichsten Erkrankungen behandelt. Wenn Sie jedoch denken, dass es sich um einen ernsthaften Notfall handelt, der unter Umständen operiert werden muss, gehen Sie umgehend in ein Krankenhaus (Bolnica).

Bei Bisswunden durch Tiere wie Hunde, Katzen o.Ä. empfiehlt sich in jedem Fall ein Besuch im Krankenhaus, da hier ein hohes Infektionsrisiko besteht.

Im Anschluss habe ich Ihnen die wichtigsten Kontakte für den Notfall zusammengestellt.

Rufnummern für den Notfall in Bosnien und Herzegowina

Den Polizeinotruf erreichen Sie unter der 92, den Notarzt unter der 94.

Für Mitglieder des ADAC

Die Pannenhilfe erreichen Sie aus dem Ausland unter 0049 89 222 222,

tritt ein medizinischer Notfall ein, kontaktieren Sie bitte die folgende Nummer: 0049 89 767 677,

im Falle von Erkrankungen und/oder Verletzungen steht Ihnen der ADAC unter folgender Rufnummer zur Verfügung: 0049 89 767 676.

Alle aufgeführten Rufnummer sind für Notfälle, die sich im Ausland ereignen, weitere Informationen und Rufnummern erhalten Sie auf der Internetseite www.adac.de/kontakt-zum-adac/pannenhilfe-notruf

Die deutsche Botschaft in Sarajewo

Die Deutsche Botschaft in Sarajevo, auf Bosnisch Njemacka Ambasada Sarajevo, finden Sie in folgender Straße: Skenderija 3, 71000 Sarajevo. Telefonisch können Sie die Botschaft unter 00387 33 565

300 erreichen, auf der Internetseite erhalten Sie weitere Informationen zu den Öffnungszeiten sowie Rufnummern. Sie können die Botschaft auch per Email unter info@sarajewo.diplo.de kontaktieren oder besuchen Sie die Internetseite www.sarajewo.diplo.de .

Bürgerservice des Auswärtigen Amts
Sollte einmal ein dringender Notfall eintreten, können deutsche Staatsangehörige das Auswärtige Amt in Berlin 24/7 erreichen. Sie erreichen die Zentrale unter der Rufnummer 030 1817 0 (im Inland), im Ausland wählen Sie bitte die Nummer
0049 30 1817 0.
Weiterhin erreichen Sie einen Bürgerservice des Auswärtigen Amtes in Berlin, dieser ist jedoch nur Wochentags in der Zeit von 09:00 - 15:00 Uhr für Sie erreichbar. An Feiertagen kontaktieren Sie bitte die o.g. 24/7 Notfallnummer. Der Bürgerservice des Auswärtigen Amts ist unter 030 1817 2000 aus dem Inland erreichbar, aus dem Ausland wählen Sie bitte die Rufnummer 0049 30 1817 2000. Sie können natürlich jederzeit eine E-Mail an buergerservice@diplo.de schicken.

Time to say goodbye

Der Urlaub neigt sich dem Ende zu und Sie müssen packen. Bitte beachten Sie beim Packen unbedingt die Freigrenzen der Waren, die Sie mitnehmen dürfen. Gerade Alkohol und Zigaretten können an der Grenze oder am Flughafen Probleme bereiten, bitte informieren Sie sich deshalb vorab beim Zoll, wie hoch die Freigrenzen sind, um keine Nachverzollung bezahlen zu müssen. Dies könnte Ihnen die Urlaubsmitbringsel vermiesen und sehr teuer werden. Weiterhin sollten Sie darauf achten, keine Fleischerzeugnisse oder Käse mitzunehmen. Da Bosnien und Herzegowina kein EU-Land ist, ist die Mitnahme von tierischen Erzeugnissen nicht gestattet, ebenso wenig die Mitnahme von Pflanzen oder geschützten Tierarten.

Nach dem Urlaub ist vor dem Urlaub, hat Ihnen die Stadt und das Land gefallen? Dann planen Sie doch gleich Ihre nächste Reise in eines der wunderschönen Balkanländer.

Die Freigrenzen für die Ein- und Ausfuhr können sich jederzeit ändern, sodass es Sinn macht, sich vorab zu informieren. Zurzeit gelten folgende Freigrenzen für die Ein- und Ausfuhr:

Personen ab 17 Jahren können entweder 200 Zigaretten, 50 Zigarren, 100 Zigarillos oder 250 g Tabak einführen oder exportieren. Weiterhin dürfen Personen ab 17 Jahren 1l Spirituosen (Alkoholgehalt über 22%) oder 2 l Spirituosen (Alkoholgehalt höchstens 22%) importieren oder exportieren. Sollten Sie Geschenke ein- oder ausführen wollen, ist dies bis zu einem Wert von maximal 75,00 € erlaubt.

Genießen Sie Ihre Rückreise, lassen Sie diese vielen Erlebnisse auf sich einwirken und freuen Sie sich auf zu Hause.

Packliste

Geld & Finanzen

O (evtl.) Auslandswährung
O Bargeld
O Bauchtasche
O Brustbeutel
O Bauchtasche
O EC-Karte
O Kreditkarte
O Notfall-Telefonnummern der Banken
O Portmonee

Hygiene

O Haarbürste / Kamm
O Deo (klein)
O Shampoo
O Kulturtasche

O Sonnencreme

O Taschentücher

O Reise-Zahnbürste und Zahnpasta

O Verhütungsmittel

Kleidung

O Badeklamotten

O Gürtel

O Hosen kurz / lang

O Mütze / Cap / Hut

O Pullover

O Regenjacke

O Schlafanzug

O Socken

O Sonnenbrille

O Sportklamotten / Jogginghose

O T-Shirts

O Unterwäsche

Medikamente

O Blasenpflaster

O Anti-Durchfalltabletten

O Erste-Hilfe-Set

O Fiebertabletten

O Fiebertabletten

O Mückenschutz

O sonstige Medikamente

O Pflaster

O Kopfschmerztabletten

Unterlagen & Papiere

O ADAC Unterlagen

O Adresslisten für Postkarten

O Krankversicherungsnachweis

O Stadtplan

O Führerschein

O Unterlagen für die Unterkunft

O Wasserdichte Hülle für Reiseunterlagen

O Impfausweis

O Mietwagenunterlagen

O Personalausweis

O Reisepass

O Reisetagebuch
O evtl. Studentenausweis
O evtl. Visum
O Zug- / Bahn- / Flugticket

Taschen & Rucksäcke

O Koffer / Trolley / Reisetasche
O Regenhülle für Rucksack
O Rucksack

Schuhe

O Badeschlappen / Hausschuhe
O Schuhe und Wechselschuhe

Sonstiges

O Brille / Kontaktlinsen und Etui
O Buch zum Lesen
O Ohrenstöpsel und Schlafmaske
O Regenschirm
O Reisedecke

O Wasserflasche
O Wörterbuch

Elektronik

O Digitalkamera
O Handy
O Ladekabel
O Kopfhörer
O evtl. Steckdosenadapter
O Power-Bank

Herstellung und Verlag:

BoD – Books on Demand, Norderstedt

ISBN: 9783750418653

© Katharina Hofinger 2020

1. Auflage

Kontakt: Psiana eCom UG/ Berumer Str. 44/ 26844 Jemgum

Covergestaltung: Fenna Larsson

Coverfoto: depositphotos.com